Bulles d'Amour

Textes et photographie
Thyca Niglos

Remerciements

Je tiens à remercier du fond du cœur mon amie Aline pour le temps et l'aide qu'elle m'a apportée pour la relecture de ce petit recueil. Merci p'tite sœur

À ma fille

La petite chinoise

On t'appelait la petite chinoise,
Avec ses jolis petits yeux bridés.
Parfois en tahitienne, couleur framboise,
Remportant la coupe pour l'été.

Tu étais une petite fille modèle,
Toujours habillée de rose.
Devenue belle demoiselle,
Pour laquelle j'écris cette prose.

Plus tard l'étudiante brillante que tu étais,
Faisait l'admiration de tous à l'unanimité,
J'aimerais te voir pour toujours très gaie,
Comme je suis heureuse de t'avoir retrouvée.

Du jour où tu es née, tu m'as comblée
Même pendant la période de l'adolescence
Tu n'étais que du bonheur dans mes journées
Quand tu es partie, tu as laissé un vide immense.

A ce moment là, sans toi, il m'a fallu survivre
Même si la joie de te savoir heureuse
Te voir arrêter tes études et tes livres
Fût pour moi comme une pierre précieuse

Fleurs d'Amour

Douceur du soir, de la terre encore chaude,
Des lézards qui rampent et rentrent chez eux,
Soudain, face à nous, cet arc en ciel,
Il apparaît comme un papillon qui déploie ses ailes.

Ecoute moi et regarde toutes ces couleurs,
C'est comme si elles avaient été imaginées,
Et créées par une personne au grand cœur,
Juste un clin d'œil pour nous faire rêver.

Par terre, sous nos pas, des fleurs d'amour,
Inondées de chagrin ou de tendresse,
Que nous admirons jour après jour,
Même si elles sont parfois enrobées de caresses.

La nuit tombe, à l'extérieur, il fait encore doux,
Un coucher de soleil, une rougie comme on dit ici,
En fermant les yeux, j'imagine dans la nuit un hibou...
Tout est calme et nous partons dans notre petit nid.

Ailes du Bonheur

Dès le matin, au réveil
Il est là ! Oui le soleil !
Comme toi, c'est une merveille,
Tartiner un petit morceau de miel.

Douceur du temps qui passe,
Admirer chaque jour le bleu du ciel,
Farniente sur la terrasse,
Le bonheur donne des ailes.

Je commence à savourer,
Chaque jour qui passe,
Comme si c'était le premier,
En rêvant devant ma tasse.

Aujourd'hui, une petite fille,
Qui se jette dans mes bras,
C'est du bonheur, elle si volubile,
Montre qu'un enfant c'est extra.

Sérénité

Ce mot ressemble au mot Bonheur,
Je l'imagine, pour ma part, teinté de calme,
Sensations de plénitude et douceur,
Sensation qui vous fait gravir des montagnes.

L'écriture parvient à rendre la sérénité,
Quand on croit l'avoir perdue à jamais,
La sérénité permet d'accepter,
Une décision prise en étant un peu inquiet.

Que ferions-nous sans elle,
Plus aucune transparence,
Vivre dans un monde irréel,
Sans aucune endurance.

Sachons, nous faire une vie plaisante,
Laissons les soucis nous épargner,
Un peu d'imagination pour se la faire croustillante,
D'Amour, toujours nous imprégner.

Soleil

Tu es l'astre de mes jours,
Dès le matin je scrute le ciel,
Pour découvrir si ce jour,
Sera doux comme du miel.

Un jour sans soleil
C'est comme une journée sans toi,
Vivre dans un monde,
De tristesse sans aucune joie.

Au fil des années tu es devenu,
Plus qu'important dans mon environnement,
Comme un mythe inapprochable et têtu,
Tu n'en fais qu'à ta tête inlassablement.

Les arbres, les fleurs ont besoin de toi,
Tu es la vie, sans toi les jours seraient trop longs,
Sans toi, la météo ne reconnaîtrait plus les mois,
Merci soleil tu mérites toutes tes chansons.

Coule la rivière de la vie

Le souffle du vent
C'est la vie...

Un sourire d'enfant
C'est la vie...

Des oiseaux et leur chant
C'est la vie...

Un couple assis sur un banc
C'est la vie...

Regarder les étoiles en poussière,
C'est la vie...

Les quais de Bordeaux qui dansent
C'est la vie...

Le public qui applaudit et chante
C'est la vie...

Au quotidien, les joies et les peines
C'est la vie...

Se les approprier le temps d'un poème,
C'est la vie...
Puiser, ma force dans un cœur
C'est la vie.

Lauriers roses et Agrumes

Petits lauriers roses vous trônez
Sur la terrasse, un jour vous serez grands,
Tout comme toi le petit citronnier,
Ici, vous vous sentez comme dans un gant.

Agrumes vos fruits seront à point un jour
Vous avez besoin du soleil pour grandir,
Tout comme un enfant a besoin d'amour
Pour se développer, sans jamais oublier de rire.

Grandir sans un seul bleu au cœur,
Facile pour un citronnier ou un oranger,
La vie pour eux est un leurre,
Ephémère beauté tributaire du soleil d'été.

Dans chaque jardin, à chaque coin de rue,
Les lauriers roses si fleuris, nous enchantent.
Grappes de fleurs roses, rouges, blanches apparues,
Depuis le mois d'avril, votre floraison est abondante

Aigues Mortes

Juste une larme qui coule,
Mon cœur a mal, il saigne,
Epreuves de la vie pas « cool »,
Chez moi, aucune haine.

Difficile de comprendre,
Certains comportements,
Dans le flot des méandres,
Passeront tous les ans.

L'injustice de cette vie,
Comme elle me fait mal,
Elle est bien là, transparente, ici....
Guettant sa proie comme un chacal.

La force d'un grand combat,
Me rendra toujours plus forte,
Pour aller danser la zumba,
Je t'amènerai à Aigues-Mortes.

Du Bonheur

Ouvrir ses volets le matin,
C'est du bonheur,
Sortir son petit chien
C'est du bonheur,
Ne plus voir le médecin,
C'est du bonheur,
Tirer un trait sur le trop-plein
C'est du bonheur,
Apprécier son traversin,
C'est du bonheur,
Oublier le train-train
C'est du bonheur,
Danser avec un tambourin
C'est du bonheur,
Ne plus craindre le lendemain
C'est du bonheur,
Partager des moments avec les siens,
C'est du bonheur,
Retrouver ses amies
Au téléphone, dans les magasins,
C'est du bonheur,

Ecouter de nouveaux refrains c'est du bonheur...

Songe d'une nuit

Cette nuit, j'ai fait un rêve fou,
L'été m'apportait des serments,
L'hiver arrivait au loin un peu flou,
Pour dissiper la magie du printemps.

Au réveil, je te trouve avenir,
Qui fait battre doucement mon cœur,
En oubliant tous mes souvenirs,
Pour la joie de notre bonheur.

Près de moi, un vase rempli de fleurs,
Elles m'ont été offertes avec passion,
En automne, elles ont touché mon cœur,
Comme le son émanant d'un accordéon.

Notre voilier glisse sur les flots,
De notre tout prochain voyage,
Plus jamais, un seul sanglot,
Ne fera couler mon maquillage.

A Mylène...
Mon amie, ma voisine
Ma petite sœur de cœur...

Un 28 mars d'une certaine année,
Une personne formidable est née.
Je suis fière de notre belle amitié,
Née par hasard, une belle journée...

Quand le malheur ou la maladie,
Se présente parmi tes amis ou amies,
Ton bon cœur et ton amitié sont ici,
Près d'eux, vite tu agis avec le sourire, oui !

Ton sourire ressemble à une aurore boréale,
Quand rien ne va, tu sais redonner le moral.
Quand tout va, tu m'amènes au bal,
Mylène, toi mon amie tu es idéale...

Toujours présente pour l'Amitié,
Toujours de bonne humeur et gaie,
Toujours là pour qui a besoin et à aider,
Toujours je serai fière de notre Amitié.

Dernier printemps

Dans un ciel tout rose,
Le soleil doucement se couche,
Devant cette vue, parler je n'ose,
Chut, n'ouvres pas la bouche !

J'aime cette vue, à nos fenêtres le soir,
Ces arbres décharnés et grisonnants,
Spectacle féérique avec ces arbres noirs,
Plantés au milieu des champs.

Le printemps est arrivé,
Vivons ensemble le présent,
En écoutant les oiseaux chanter,
Allons-nous asseoir près des peupliers.

Bientôt nous serons arrivés,
Dans ma belle région Aquitaine,
J'ai tellement rêvé d'y retourner.
Deux ans ici, presque la haine...

Licorne

Toi l'animal qui vit dans les légendes,
Tu as tout du cheval, la grâce en plus,
Je t'imagine, t'envolant dans les landes,
Si légèrement que tu pourrais rejoindre Uranus.

Mon esprit s'évade comme il aime le faire,
Tu m'apparais toute blanche, dans un nuage.
J'irais t'apercevoir à Saint Lo, loin de la mer,
Tu figures sur son blason qui n'a pas d'âge

Ta petite corne torsadée sur ta petite tête,
Ferait peur à un troupeau de jolies chèvres,
Je m'endors avec ton image et quelques mouettes,
Tu me réveilleras avec un baiser sur les lèvres.

Tu vis et dors dans une forêt enchantée,
Autour de toi, tes congénères parfois de couleur,
Jouent et conversent avec plusieurs fées,
C'était un rêve ! Mais en me réveillant quel bonheur.

Ne jamais rien regretter

Tout quitter par amour,
Sincèrement j y ai cru,
Ce fut un rêve pour toujours,
Cette folie était un but.

Je ne regrette rien,
Ni les bons moments,
J en ai tissé des liens
Avec petits et grands.

La vie est pleine de surprises,
Mais je l aime ma solitude,
Elle penche comme la tour de Pise,
Mais ne rompt pas c'est une certitude.

Prends la vie du bon côté,
Ne garde que le meilleur,
C est presque une vérité,
Tu le sentiras battre ton cœur.

Hommage aux Niçois

Pourquoi s'en prendre à des enfants ?
A des adultes, à des personnes en fête.
Comment trouver les mots pour nos petits enfants ?
Ce désastre un jour de 14 juillet.........

La rage au cœur, j'ai beaucoup pleuré,
Tout ceci me ramène en arrière,
Écœurée, complètement écœurée,
Impossible d'écrire ! Cette folie meurtrière....

Ces malades n'ont ni foi, ni loi !
On ne devrait même pas montrer leur visage,
Scandalisée, outrée, que faire ma foi ?
Ces enfants et ces adultes n'auront jamais d'âge.

La peine est en nous tous, le scandale aussi,
Je peux très bien imaginer la peine de ce papa,
Qui croyait retrouver sa fille 14 ans, bougie
Ce soir pour elle, pour eux, c'est la guérilla

Un jour la paix

Les pieds dans le sable,
Face à la mer, je rêve,
La mer n'a rien de désagréable,
Un jour viendra la trêve...

Imagine, un monde fait d'Amour,
Plus d'innocents torturés ou tués,
Imagine la paix, là pour toujours,
Il faut y croire, ce jour là chanter...

Tends-moi ta main douce et ferme,
Elle me protège comme une louve,
Sa force est un secret qu'elle renferme,
Chaque jour, elle me retrouve.

Ferme les yeux, imagine un monde,
N'étant que joies, amour et paix,
Difficile oui, mais crois le une seconde,
En ouvrant en grand tes volets.

Magie de la lune

Au cœur de l'obscurité,
Une nuit sans sommeil,
La lune apprivoisée,
Toujours, elle s'émerveille.

Mon crayon doucement glisse,
Sur cette feuille en papier,
Ecrire est pour moi un délice...
Même si le temps s'est arrêté.

Cette nuit est comme une misère,
J'attends de voir le jour se lever,
Elle m'a rendue un peu rancunière,
Même si demain ce sera oublié.

Ne pas regarder en arrière,
La nuit est bientôt derrière nous,
Sera meilleure l'atmosphère,
Demain matin avec mon frou-frou

Une colombe dans un cœur

Une colombe dans un cœur,
Jolie image, un peu féérique,
La paix, l'amour, compter les heures,
C'est tout sauf chimérique.

J'imagine un enfant qui rit en jouant,
Un jardin agrémenté de roses trémières,
Les vagues déferlantes de l'océan,
Toi et moi, nous promenant sur l'estuaire.

Le bonheur est arrivé seul
Sans que nous l'ayons cherché,
Il faisait bon sous les tilleuls,
Fermons les yeux pour les retrouver.

Un chiffre, le numéro sept
Un prénom que j'aime Poussinette,
Il rime bien avec fillette,
Tout ira bien, allez t'inquiètes...

Printemps je t'aime

Printemps j'aime te voir arriver, pour les fleurs,
Que tu fais surgir subitement des sols.
Printemps je t'aime pour tous les oiseaux,
Que tu fais si bien chanter sans bémol.

Printemps je t'aime pour tous les dégradés,
Que tu nous offres dans le reflet du ciel.
Printemps je t'aime pour les moments ensoleillés,
Qui nous rendent souvent plus gaies et plus belles.

Printemps tu es comme le rire d'un enfant,
courant vers toi, magnifique vision.
Printemps tu es comme le rire de l'adolescente,
Qui croît refaire le monde sans faire attention.

Printemps tu es comme le rire des arbustes,
Qui bougent doucement au moindre souffle d'air.
Printemps tu arrives comme un homme robuste,
Qui ferait peur à une douce écolière.

Reste endormie et rêve

Endormie dans un champ de tournesols,
Allongée, la tête dans les étoiles,
Son esprit, doucement s'envole,
On croirait découvrir une toile.

Dans son monde doux et magique,
Elle sommeille comme la Belle au Bois Dormant,
Son réveil va s'avérer tout, sauf épique.
La vie va lui apporter de durs moments.

Le temps est assez nuageux,
Les tournesols au cœur marron
Vers le ciel d'un joli bleu,
Se penchent vers son médaillon.

Dîtes lui de ne pas se réveiller,
Le monde actuel serait trop difficile,
Le printemps l'incitera à rêver,
Sans lui faire bouger un sourcil.

Papillons de nuit

Une nuit sans étoiles,
Toujours je la fuis...
Lève la grand voile,
N'écoute pas qui je suis

Je n'aime pas la nuit,
Il n'y a pas de papillons,
J'aime leur parler et oui..,
Doucement, avec émotion.

La lune te dira ton avenir,
Mais ne la réveille pas.
Elle saura te faire découvrir,
Le bonheur sous un épicéa.

Pourquoi me fais tu rougir,
Lorsque j'entends ta voix ?
N'esquive pas ton sourire,
Même à Aulnay sous Bois....

Le Livre de ta Vie

Ouvre en grand, le livre de ta vie,
Tourne les pages doucement,
Hier était il mieux qu'aujourd'hui ?
Remonte en petite vitesse le temps.

Tu as vu grandir tes enfants,
Les parents sont parfois partis,
Reviens en arrière tranquillement,
Les mauvais moments, laisse les enfouis.

Ce livre te paraît énorme,
Tourne les pages vers l'Avenir,
Résiste ! Monte sur la plate-forme,
Tu verras apparaître tes souvenirs.

Reste sur la première marche,
Tu pourras vivre et contempler demain,
Fonce, n'oublie jamais ta démarche,
La route est encore longue, suis ton chemin.

Positivons

Doucement, respire ce vent sur ton visage,
Apprécie le temps qui passe et ton âge,
Pense au présent, avance mais pas dans ton passé,
Parle à tes jolies fleurs, de bien belles pensées,
Même si parfois, tu te sens très triste,
Pense au bon temps où tu dansais le twist,
Comme il défile le temps, vis chaque minute,
Comme si c'était la dernière dans ta hutte,
N'oublie pas les malheurs où tu as eu tant de peine,
Pardonne, aime, apprécie mais jamais de haine,

Pense chaque jour aux tiens, à tes amis, à votre avenir,
Avance droit chaque jour sans oublier tes souvenirs,
Chaque jour qui vient, profite bien de notre beau soleil,
Le soir, une étoile protègera ton sommeil.
Cultive la joie de profiter des plaisirs,
Liés à ton âge, voyages, jeux, blagues et rires,
La retraite est un bon moment de votre vie,
Il faut juste savoir l'apprécier comme un fruit.

Hommage suite aux attentats

En cette période, besoin de douceur,
Pour pouvoir soigner les cœurs blessés,
Qu'il est difficile de subir ces malheurs,
Jeunes et moins jeunes, lâchement assassinés,

Pensées pour leurs familles et amis,
Elles connaissent les pires moments,
A cause de la bêtise humaine, ils ont perdu la vie,
J'ai mal pour tous ces pauvres gens...

On ne peut imaginer ces grandes douleurs,
Perdre la chair de sa chair, famille ou ami,
C'est déjà atroce, mais à cause de « sans cœurs »...
Pourquoi tant de monstres et cette barbarie ?

Tous ces évènements sont scandaleux,
On ne pourra jamais remédier à la douleur,
Aucun geste ou évènement miraculeux,
Ne pourront soulager ces familles en pleurs

Pensées nocturnes

De nouveau est arrivée la nuit,
Parfois, elle est longue dans mon lit,
J'imagine le ciel couleur noire et ambre,
En cette période d'automne en novembre.

J'aime écouter tous les bruits de la nuit,
Parfois, je rêve éveillée à notre belle dune,
Comme elle doit être jolie avec la lune,
Mon esprit s'égare, les nuits d'insomnie.

Parfois, il m'arrive, en effet, de la haïr,
Quand elle se fait beaucoup trop blanche,
Heureusement, un clavier me permet d'écrire,
M'évader et sur elle prendre revanche.

Merci à toi le clavier qui m'a permis,
D'apaiser mon esprit et ma peine,
Je rêve un jour, de me réveiller à midi,
Détendue en dévorant une assiette de pennes.

Rêverie sur le Bonheur

Qu'il fait bon chez soi !
Personne ne fait la loi,
Où vais-je ? Qui suis-je ?
Certainement sans âge.

Profiter des bons moments,
La vie est courte, les gens !
On peut être heureuse,
Sans être amoureuse...

Le bonheur il s'apprend,
Même si le chemin est lent,
Rêver en regardant un avion,
Sourire en écoutant un carillon.

Toutes ces petites choses de la vie,
Observez-les comme une petite souris,
C'est tout simplement ça le bonheur,
Suffit juste d'ouvrir son cœur.

Pays Basque

Sur cet océan limpide, bleu turquoise,
J'aperçois des villas basques, ciel bleu azur,
Bercée par une musique au son de jazz,
J'aime humer cet air frais et pur.

Soudain un éclair inonde le ciel,
J'aime photographier les orages,
Il est au loin, sur la côte sauvage,
Pour moi il a un goût de miel.

Sur notre voilier, je pars à la dérive,
La foudre inonde notre petit univers,
Cet éclair en face, sur l'autre rive,
N'était finalement qu'un simple rêve !

Le réveil et sa sonnerie stridente,
Un sursaut violent, dans la douceur
Du monde où souvent tu me hantes,
Me fait lever doucement avec bonheur.

L'encre des mots

L'encre des maux,
A coulé de mon stylo,
Malgré le temps chaud,
Tout sonnait bien faux...

L'encre des mots,
Couleur rouge bigarreau,
Glacial comme un rideau,
Sont difficiles ces mots...

L'encre des mots,
Devrait comme les animaux,
Offrir un chant d'oiseau,
Ou, un coup de plumeau...

L'encre des mots,
Je l'aime comme un bal néo,
Refuse qu'elle devienne cahot,
Sinon, je lui dis « Tchao »...

Le sel de la vie

L'amitié est le sel de la vie,
Sans elle, nous ne serions rien,
Un sentiment qui dure parfois à l'infini,
Quand sincère, ne procure que du bien.

En cas de petit coup de cafard,
Toujours une amie est présente,
L'amitié c'est une valeur rare,
Une jolie fleur très embaumante

Une grande joie, on aime la partager,
L'amitié se donne, ne s'achète pas,
Etre à l'écoute d'une amie sans juger,
L'écouter c'est le secret de l'amitié,

L'amitié sait consoler les peines,
Même celles qui sont inconsolables,
C'est une relation douce et saine,
Ou parfois, rien n'est raisonnable.

Bouffées bucoliques

Apprendre à aimer l'automne,
Avec ses couleurs mordorées,
Apprécier la cloche qui sonne,
   Le matin à toutes volées.

Dans nos bois, respirons l'oxygène,
Admirons les pins, jolie végétation,
Qui resplendit sans aucune chaîne,
Apprécions la nature avec délectation.

Octobre c'est le moment des ceps,
Comme il fait bon au soleil,
On ne se fera plus piquer par les guêpes,
N'est ce pas ma petite Mireille ?

Asseyons nous pour les préparer,
Imaginez la bonne omelette,
Bien moelleuse, avec ceps aillés,
Que nous savourerons à la fourchette.

Le Jardin d'Eden

Au jardin d'Eden,
Il fait bon y vivre,
Même avec ma peine,
Accompagnée d'un livre.

Au jardin d'Eden,
Des milliers de fleurs,
Toutes je les aime,
Elles portent bonheur.

Au jardin d'Eden,
Il suffit de fermer les yeux,
Pour se sentir reine,
Un rêve à vivre à deux.

Au jardin d'Eden,
Oiseaux, papillons,
Trouvent leur oxygène,
Dans cette jolie végétation.

Une Rose

Une rose dans mon cœur,

Une rose pour le bonheur,

Une rose la reine des fleurs,

Une rose pour un quart d'heure,

Une rose à n'importe quelle heure,

Une rose jamais ne meurt,

Une rose dans la demi-heure,

Une rose déposée avec ardeur,

Une rose pour toi qui est rieur,

Une rose n'est jamais un leurre

Violette de Toulouse

Mais qui es tu là, toi que j'aperçois cachée,
Dans cette clairière, tu es toute mauve,
Je te ramasse et au creux de ma main tu te loves,
Si tu étais un homme je te donnerais un baiser.

Mais je te reconnais, tu n'es qu'une violette,
Ton odeur si odorante m'envoute soudain,
Toi jolie petite fleur toute coquette,
Je vais te ramasser pour m'imprégner de ton parfum.

Tu te sais petite fleur très rare et appréciée,
Toute âme sensible se sent éperdument attirée par toi,
Sans doute pour cela que tu te caches dans les fourrés,
Et jamais tu ne te trouveras aussi bien que dans un bois.

Continue de te cacher car la difficulté,
Ne serait plus la même si tu tapissais les sols,
Cache tout au fond de toi la sensualité,
Qui est en toi, afin que nul ne te vole.

Coucher de soleil

Le soleil se couche,
La mer est encore bleue,
Du bonheur à la louche,
Dans cette barque, notre vœu.

Soleil couchant,
Tu es le feu de la vie,
Prends ton temps,
Pour nous envoyer la nuit.

Cette barque noire et jaune,
Si elle avait des ailes,
S'envolerait loin de la faune,
En jouant un air de violoncelle.

De Bordeaux à Pauillac,
La Solitaire du Figaro,
Les grands marins avec leurs sacs,
Comme ils seront beaux !

Septembre

Jours vous commencez à raccourcir,
Soleil tu me fais moins sourire,
Les hirondelles bientôt vont partir,
Sur un banc amène de quoi lire.

Septembre fait baisser la lumière solaire,
Les enfants ont fait leur rentrée scolaire,
Eté doucement tu t'éloignes de nous,
Le vent bientôt dansera dans mes cheveux fous.

Joli mois des vendanges, reste doux,
Vignes magnifiques au charme fou,
Vous offrez vos fruits aux vendangeurs,
Surveillés au loin par les chasseurs.

Le mois prochain, les arbres seront dorés,
Leurs feuillages vireront au rouge amélioré,
Comme il fera bon en cette saison s'aimer,
Aidé par le coup de baguette d'une fée.

Juin mois des Cerises

Nuages d'hier vous êtes repartis,
Grand soleil parmi nous tu es revenu
Espérons qu'il soit avec vous mes amies,
Car nous l'aimons toutes dans notre tribu.

Ce mois des cerises, très souvent bien agréable,
Laissera sa place très prochainement,
A un mois de juillet qui fut inoubliable,
Passant du bonheur au drame et ses enchaînements.

Aujourd'hui le ciel a une lumière formidable
Il procure cette sensation de bonheur,
Douceur qui permet de mettre de côté l'effroyable,
Pour retrouver tout doucement la bonne humeur.

Tranquillement juin nous amène vers le plein été,
Chacun retrouvera ses destinations de bonheur,
Montagne, mer, campagne, où que vous alliez,
Soyez heureuses, heureux c'est le message de mon cœur

Ames Sœurs
Ecrit par Mylène, Aline, Lydie et Thyca

Plaisir partagé car à l'évidence,
De ces sourires et mots échangés,
Est née très vite quelle chance,
Une merveilleuse complicité.

Amitié quel joli mot,
Mais qui l'a inventé?
Il soulage bien des maux,
Parfois il fait aussi voyager

Il fait partie des mots magiques,
que chacun devrait connaitre.
Il donne à la vie un goût unique,
propice à la joie et au bien-être

... /...

L'amitié, c'est être discret et silencieux,
Elle se partage en groupe ou même à deux.
L'amitié, c'est la joie de rencontrer des personnes,
Où fidélité sincérité ces mots résonnent !

Comme âmes douces sont les amies sœurs.
Leurs noms et rires sonnent musiques au cœur.
L'amitié est une partition d'harmonie,
Qui se joue en confiance, entre amis.

Ta silhouette, dans les dunes, près du phare,
comme une belle signature écrite par le vent,
sur un tableau posé sur le sable par hasard,
offre au passant le dernier indice manquant.

Toi qui passe sur cette petite plage,
Isolée du monde et des touristes,
Rappelles toi de cet amour sans âge,
A qui tu avais offert une améthyste,

L'île aux oiseaux

Pointe du Cap Ferret,
Ton débarcadère,
Toujours je te verrai,
D'ici je sens ton air.

L'île aux oiseaux,
Maisons sur pilotis,
Comme il est beau
Mon coin de paradis.

Le ciel bleu outremer,
La dune du Pyla,
Si blanche face à la mer,
Du bonheur elle nous donnera

Salon de thé du Petit Piquey
Au milieu des pins
Comme il y fait bon l'été
Y savourer une glace du coin

Mars

Le soleil timide, encore un peu caché,
A l'air de réfléchir à sa venue éventuelle.
Vais-je envoyer quelques rayons avant l'été ?
Ou attendre et surveiller un vol d'hirondelles ?

Les fleurs, rosiers et arbres en bourgeons,
Ont l'air un peu étonnés : ils se redressent,
Vers moi, doucement, sans faire de bonds,
Envoie-nous ton or jaune, crient-ils en liesse.

Je vous entends, mes amis de la nature,
Vous avez besoin de moi, mais j'hésite,
Le vent glacial est présent, trop de froidure,
Joli printemps arrivera bientôt, en visite.

Avec un grand ciel bleu, de mes rayons,
Je vous réchaufferai ; le moment venu,
Vous serez prêts à enlever vos haillons,
A partir de là, je ne vous quitterai plus.

Le Porge Océan

Un poème cela part souvent d'une idée,
C'est comme une grande aventure,
Laisser son crayon noircir un papier,
De mots parfois doux ou parfois durs...

Le soleil vient de nous abandonner,
La nuit tombe au Porge, près des dunes,
Nous irons à la plage, bientôt pique-niquer,
Puis terminerons la soirée au clair de lune.

Cette plage peu connue des touristes l'été,
Est un lieu un peu sacré, pour moi,
Cet été, nous y passerons la nuit enlacés,
N'écoutant que le bruit des vagues enchantées.

Si vous passez sur cette plage un peu sauvage,
Vous la reconnaîtrez sans aucun doute,
Que ce soit en hiver, printemps ou été elle n'a que l'âge,
Des moments de bonheur qui ont traversé sa route.

Novembre

Ciel gris et bas de novembre,
Tu n'es pas là pour nous éclairer,
Donne-nous la force de l'ambre,
Nous en ferons un beau collier.

Se réveiller un beau matin,
Avec projet de balade sur la plage,
Courir dans les petits chemins,
De la vie profitons, il n'y a pas d'âge.

Une soirée cheminée, allumer le feu,
Pour toi, toujours me faire belle,
J'en ferai toujours le vœu,
Embrasse-moi et déployons nos ailes.

Dans un bain de jouvence,
Plonger en soi aveuglément,
S'élancer comme dans une danse,
Vivre et enfouir tous les tourments.

Pleine lune

Encore une pleine lune, un joyau,
Bien jolie, mais difficile,
Pour certains signes d'eau,
On l'aperçoit, même en Sicile.

J'aime cet astre, moins que le soleil,
Mais comment expliquer cette attirance,
Qui me réveille dans mon sommeil,
Elle m'attire doucement, sans virulence.

Dans ce ciel clair, sur nous elle veille,
Sa place est au-dessus de nous tous.
Mes yeux se lèvent vers le ciel, elle m'émerveille,
J'aime regarder sa douce frimousse.

Je l'aime et la repousse à la fois,
Sans elle la vie serait trop différente.
Avant son arrivée, parfois le ciel rougeoie,
Afin de lui faire oublier qu'elle est dans la tourmente.

Balade en Provence

Partons quelques jours en vacances,
Balades, promenades, main dans la main,
Si nous partions visiter la Provence,
Il nous suffit de partir au petit matin.

Nous irons cueillir la jolie lavande,
Sa couleur mauve à elle seule est poème,
Plus tard nous la planterons dans les Landes,
En nous embrassant et en se disant "je t'aime".

Jolie est la Provence en arrière saison,
Se promener au bord de la méditerranée,
Les pieds dans l'eau comme il fera bon,
Journée découverte et agréable soirée.

Un matin, départ vers le magnifique Lubéron,
Visiter un des plus beaux jolis villages perchés.
Comme elle est belle là-bas l'arrière saison,
Nous en profiterons pour passer à Avignon

Papillons multicolores

Volent jolis petits papillons,
De toutes les couleurs,
Comme vous êtes jolis sur ce fond,
Envolez vous vers vos fleurs.

Ils croisent quelques oiseaux,
Heureusement, ils sont en liberté,
Paysage agréable et beau,
Sans cage, ils n'ont pas besoin de clé.

La poésie est un peu comme eux,
A elle seule, elle possède des ailes,
Esprit imaginatif, fais donc un vœu,
Au fond de mon cœur elle est belle.

Vous, jolis papillons de bleus,
Envolez vous vers l'au-delà,
N'oubliez pas mon vœu,
Un jour tous on se retrouvera.

Accepter l'inacceptable

La mort de mon enfant m'est insupportable,
Je joue les mamans solides, parfois je me tais.
Il n'y a pas de mots pour exprimer ce drame,
Amour d'une maman pour ses enfants ne mourra jamais.

Jamais je n'accepterai l'horreur qui t'a enlevé,
Il n'y a pas de mots pour ça, c'est incompréhensible,
Mes amies et amis, vous trois, êtes là pour moi,
Je vous en remercie mais je t'ai perdue toi aussi...

On me dit que ma douleur s'apaisera un jour,
Mais j'en doute, ce traumatisme est trop violent,
Toi aussi choquée, normal mais pas pour toujours,
Ton frère tu l'aimais ; revis, remonte le temps...

Soignes toi et nous reformerons une famille,
Certes elle sera recomposée et difficile pour toi,
Je serai là pour vous, pour lui, pour toi ma fille,
Il nous faut accepter... je t'aime... Soignes toi...

L'Absence

Le temps passe, l'absence aussi,
Noublions pas les joies de la vie,
Un jour nous nous reverrons,
J'y pense en regardant l'horizon.

Souvent les chansons que tu aimais,
Passent à la radio c'est un fait,
Comme la dernière chanson passée pour toi,
En ce moment qui fût si difficile mais ton choix.

Depuis ton départ la vie a tellement changé,
Notre famille depuis ce triste évènement, a explosé.
De la joie il y en a aussi avec l'arrivée d'une petite reine,
Dans la vie, cela fait du bien un peu de veine.

Ils sont présents pour moi comme mes amies,
Amies et amis proches qui représentent la vie,
Réaliser que la vie est courte et en profiter maintenant,
C'est ce que j'ai décidé de faire dès à présent !

Rien ne sera plus pareil...

Il y a deux ans, tu as fait un choix,
Partir voir ce qui se passait ailleurs,
Dramatique nouvelle, plus de voix,
Pour une maman quel grand malheur...

Du désespoir à la grande colère,
Combien de sentiments ont volés en éclats,
Qu'ai-je donc fait sur cette terre?
Me comprendront les mamans qui ont connu ça...

Chaque matin, chaque jour dès mon réveil,
Tu es près de moi, je pense à toi,
Le courage parfois me manque, tu es là le soleil,
Pour m'aider à ne pas abandonner ma foi.

Heureusement près de moi, ma petite fille,
Et vous deux mes proches que j'aime,
Mes amies, oui vous qui êtes ma petite famille,
Toujours là, suivant les petites graines que je sème.

Chaque soir, le désespoir....

Quand tombe la brise du soir,
J'attrape mon mouchoir.
Me reviennent en mémoire,
De biens belles histoires.

Émotions du premier regard,
Ta petite tête, avec au cou un bavoir,
Des promenades en landau dans un square,
Avant de naître tu es allé aux Baléares.

A peine dissimulées dans le noir,
Des larmes coulent sur ma mâchoire,
Mémoire qui s'enfonce dans le brouillard,
Ce poème est pour toi mon grand gaillard.

Vous aimiez énormément les carambars,
La vie est parfois très barbare.......
Vivre avec ces drames, il va falloir,
Vos photos en face de moi sur l'armoire.........

Votre maman qui vous aime pour toujours et après.........

Petite étoile tout là-haut

Petite étoile qui scintille là-haut,
Tu es comme un cœur qui bat,
Une main s'envole vers toi, cadeau
Ne prononce pas un seul mot...

Je t'entends et t'imagine bien,
Tu brilles tellement dans le ciel,
En tissant un grand cœur en lien,
Elles forment un long va et vient.

Cette chanson de Marie Laforêt,
Je te la chantais quand tu étais petit,
Toi aussi souviens toi, tu l'aimais,
J'aimerais être une petite souris...

Une petite souris qui s'envolerait,
Pour venir te faire un petit câlin,
Mes pensées tant que je vivrai,
Près de toi, toujours dans un petit coin.

On se retrouvera un jour

Quand je vois le soleil se coucher,
C'est ton coucou, tu le fais de là-haut,
Tes derniers mots au téléphone m'ont réchauffée,
"Bisous ou bonjour à Maman", dernier cadeau...

Te voici dans un tout autre monde,
Ton âme est partout ; je la devine.
Fais une large et immense ronde,
Sois heureux, un signe ce serait sublime.

J'accepte ton choix, c'était TA vie,
Penser à toi et prier, c'est un but,
Tu étais beau mon bébé, et oui...,
Je te vois partout dans les rues.

Tu as choisi ta mort, tu n'en pouvais plus,
Au revoir mon enfant, on se retrouvera,
Dans une autre vie, j'en suis convaincue.
Chaque coucher de soleil, sera ton "aura".

Aurélie

Ouvre doucement ton cœur,
Ne penses plus jamais à hier,
Oublie vraiment tous tes pleurs,
Tu en sortiras fière et grandie.

Quand l'orage éclaire et tonne,
Ne le regardes pas, pense à une colombe,
Elle représente tout sauf une bombe,
Cette année essaie d'apprécier l'automne...

Rebondis comme une balle de base-ball,
Elle t'emportera au pays des sourires,
Imagine un monde simple et loyal,
Qui te fera réaliser et ta famille la chérir.

Ces mots d'espoir ils sont pour toi,
Je ne sais si tu liras un jour ce poème,
Rappelle toi que la vie est faîte de joies,
Même si parfois peine est synonyme de requiem.

Vole

Vole l'avion, dans le ciel bleu,
Majestueux tu fais rêver,
Vole l'oiseau à vive allure,
Pars vite dans un lieu sûr.

Volent toutes mes pensées,
Pour vous deux, à tout jamais,
Vole la petite abeille sans nous piquer,
Du miel tu feras à tout jamais.

Vole lentement, joli cerf-volant,
Au dessus des vagues agitées,
Vole ton chapeau qui suit le vent,
Avant de revenir sur ta tête ma poupée.

Vole au fil des jours la jeunesse,
Sans jamais pouvoir s'arrêter,
Vole lui un baiser à ta déesse,
Ne regrette jamais de l'aimer.

Ma Poussinette

Petite fille dans la neige,
Ton sourire me fera toujours craquer,
Avec ton nounours beige,
Dans ce décor enchanté,

Tu penses aux tours de manège,
Dans la grande roue lieu enchanteur !
Demain nous y retournerons avec Nadège.
Ton sourire resplendissant est bonheur,

Quelques jours dans notre chalet,
Du repos, de la joie dans nos cœurs,
Une journée au ski dans le Valais...
De jolies ballades en raquette,

La vie on va se la faire belle !

Petits malheurs d'un été

Plaisir d'été aurait pu être dramatique,
Heureusement, plus de peur que de mal,
Toi ma petite fille adorée me rend poétique,
Je t'aime d'un amour infinitésimal.

Une journée, une nuit, difficiles,
Aujourd'hui aussi mais sommes soulagés.
Ton papa a eu les bons réflexes, habile
Bientôt il t'apprendra à nager.

La pression est redescendue,
Nous allons tous te bichonner,
Afin que tes vacances soient détendues,
Tu vas encore nous émerveiller.

Petite fille très courageuse tu as été,
Je suis immensément fière de toi,
Tu vas vite retrouver toute ta gaieté,
Nous pourrons nous promener dans les bois.

A toi

Si, cette nuit, mon chéri, je t'écris,
C'est pour te dire que je t'aime.
J'aimerais tellement que tu reviennes,
Nous n'avons pas eu de « au revoir ».

Je pense à toi tous les jours,
Comme elles sont longues les semaines,
Un enfant devrait vivre toujours,
Ton histoire, ta vie, c'est la mienne.

Les journées se font, le temps passe,
Tu es toujours près de moi, rien ne s'efface.
Parfois, la lune me paraît basse,
Toujours, je vois, ton visage...

La dernière fois où j'ai pu t'embrasser,
Fut le pire moment de ma vie,
Mes tripes m'ont été arrachées,
Tragédie pour ta petite sœur aussi !

Merci à Vous

Il y a des jours particuliers,
Dans nos vies à nous tous,
Des jours que l'on voudrait oublier,
D'autres où l'on revoit leurs frimousses.

Des jours qui font du bien,
Des jours très difficiles à passer,
Des jours assez moyens……
D'autres qui invitent à croire et à rêver.

Beaucoup de questions m'envahissent,
Pour cette journée qui pourtant m'apportera,
L'affection d'un gendre et de toi ma puce,
Vous qui m'apportez l'espoir et pas l'embarras.

… /…

Merci à vous mes amies et amis,
Je sais que vous êtes avec moi par la pensée,
Votre soutien me réconforte à vie,
Jamais je ne pourrai évidemment les oublier.

Je vais terminer ce petit poème ce soir,
Après une journée forte en émotions,
L'amour que vous m'apportez est un art,
Qui m'avait oublié quelques temps...

Votre seconde maman vous remercie,
De tout l'amour que vous lui apportez,
Vous êtes aussi mes enfants, une éclaircie,
Qui durera toujours, vous êtes ma fierté...

Je vous aime

Cœur

Cœur desséché
D'avoir trop pleuré,
Pendant cet été,
Ne pourra plus chanter.

Cœur blessé,
Tout s'est brisé,
Ne peut réaliser,
Mais toujours espérer,

Cœur désenchanté,
Jamais ne pourra oublier,
La vie est difficulté,
Il faut l'apprécier.

Cœur bon à rénover
Se bat pour avancer,
Blanche Colombe est née,
pour venir le réconforter.

L'âge de raison

Aujourd'hui ma petite brunette,
Te voilà grande ; déjà sept ans,
Comme tu es jolie ma bichette,
Tu sais me faire craquer astucieusement.

Les années passent pour ma poussinette,
Je ne voudrais pas revenir en arrière,
Sauf quand tu me faisais des galipettes,
Sur le lit, quand je te changeais ta brassière.

Maintenant est arrivé le temps de la lecture,
Tu lis comme une grande, à merveille.
Bientôt, des promenades toutes les deux en voiture,
Pour profiter de notre beau et grand soleil.

Joyeux Anniversaire ma petite chérie,
Gâteau, bougies, cadeaux seront là pour toi,
Tu pourras nous offrir quelques espiègleries,
Viens vite voir ta mamie pour que l'on festoie.

Ta Mamie qui t'aime très très fort........

Petite Princesse
Une jolie petite princesse sera là dans moins de quatre mois.

Petite princesse ce n'est pas encore l'heure,
Mais tu es déjà très chère à mon cœur,
Dans quelques mois tu viendras porter le bonheur,
Autour de toi telle la plus jolie des fleurs.

Toi qui es déjà la chair de ma chair,
Tu vas bouleverser la maison de papa et maman c'est clair,
Tu seras toujours le rayon de soleil qui illuminera,
Chaque seconde de chaque journée qui passera.

Le ciel ne pouvait faire plus beau présent à tes parents.
Maintenant à nous de t'attendre avec impatience.
Pendant ces 4 mois qui restent tu vas te faire belle mon ange.
Toi déjà espiègle puisque ce matin tu as tiré la langue.

Je t'imagine déjà amadouer toute notre famille,
Quand tu passeras tes petits bras autour de notre cou.
Tu sauras être sage et faire des grimaces, jouer aux billes
Ta maman adorait y jouer... T'en souviens tu ma biche ?

Te voilà arrivée parmi nous

Toi Maïwen, mon doux petit cœur
Qu'il fait bon te serrer contre mon cœur
Cet après midi ce fut encore que du bonheur
Et peu importe le temps qui coule et les heures

Dis à ton papa et à ta maman
De prendre beaucoup de rendez-vous
Pour toujours et à partir de maintenant
Afin que toi et moi fassions toujours nous

Bon ta gourmette naissance trop grande
Toi si douce et si menue je n'ai pu te la passer
Mais j'espère que dans un mois dans les landes
Ou ailleurs Lola ! À ton poignet elle pourra glisser

J'ai osé dire Lola sur un poème mais là c'est un secret
Que j'espère un jour nous partagerons ensemble
Laissons derrière nous tout ce qui est laid
Et oublions les misères de ce monde et les faibles

« Ta Maminette –Marraine qui t'aime
Mais ça tu le sais nos yeux sont complices »

Etre Mamie...

Je ne pensais pas qu'être Maminette pouvait procurer,
Un sentiment aussi fort.... Aimer et Donner,
J'aimerais pouvoir le décrire autant qu'il m'est possible,
Mais ce sentiment est tellement fort qu'il est indescriptible.

Petite brunette tu as fait boum boum dans mon cœur,
Le sms de ton papa à 9 heures
A rempli tout mon univers d'un grand bonheur,
Ton futur copain Atchoum a compris que c'était l'heure.

Que de bons moments nous allons passer tous ensemble,
Et bientôt nous serons tous autour de cette grande table,
Nous papoterons sur tes sourires, grimaces, gros rhumes,
Et nous ne verrons ni passer l'hiver, ni tomber la brume.

Sois heureuse ma chérie tu vas apporter du bonheur,
Mais tu ne le sais pas encore, il y aura tes peurs,
Tes joies, et tant de jolis moments à partager dans la joie,
Voilà tu as 5 jours et ce petit poème est pour toi.....

Mercredi Bonheur

Mercredi, jour du bonheur,
Ballades, jeux, que c'est bon !
Même avec cette grosse chaleur,
La poussinette, un vrai papillon.

Une énorme barbe à papa bleue,
Te cache tout le visage, mon ange,
Te voilà Schtroumfette, c'est merveilleux,
Regarde au loin, un vol de mésanges.

Maman canard et ses nombreux bébés,
Tu les as longuement admirés,
Sont venus te retrouver, pour manger,
Avec eux, tu as partagé ton goûter.

Encore un super mercredi qui s'est terminé,
Mardi, c'est bientôt tu reviendras dormir.
J'aime te voir heureuse, rire et t'amuser,
C'est la vie et ce n'est que du plaisir.

En route pour le futur

Relisez bien mon petit mot,
Il vous suffit juste de m'écouter,
Un jour où il fera chaud,
Il vous fera tout oublier.

A force d'oublier les habitudes,
Vous saurez montrer votre cœur fier,
Pour moi, c'est une certitude,
Vous le savez, vous êtes volontaire.

Chaque mot sur cette feuille,
N'est que douceur et tendresse,
Parfumée à l'odeur de chèvrefeuille,
Ces mots ne sont faits que de sagesse.

Un cœur blessé qui a souffert,
N'a aucune raison d'abandonner,
La vie est si difficile sur cette terre,
Tenez bien la barre et partons naviguer...

Table des Matières

La petite chinoise	5
Fleurs d'amour	6
Ailes du bonheur	7
Sérénité	8
Soleil	9
Coule la rivière de la vie	10
Lauriers roses et agrumes	11
Aigues-Mortes	12
Du bonheur	13
Songe d'une nuit	14
A Mylène	15
Dernier printemps	16
Licorne	17
Ne jamais regretter	18
Hommage aux Niçois	19
Un jour, la paix	20
Magie de la lune	21
Une colombe dans un cœur	22
Printemps je t'aime	23
Reste endormie et rêve	24
Papillons de nuit	25
Le livre de la vie	26
Positivons	27
Hommages suite attentats	28
Pensées nocturnes	29
Rêverie sur le bonheur	30
Pays Basque	31
L'encre des mots	32
Le sel de la vie	33

Bouffées bucoliques	34
Le jardin d'Eden	35
Une rose	36
Violette de Toulouse	37
Coucher de soleil	38
Septembre	39
Juin mois des cerises	40
Ames sœurs	41-42
L'île aux oiseaux	43
Mars	44
Le Porge Océan	45
Novembre	46
Pleine lune	47
Ballade en Provence	48
Papillons multicolores	49
Accepter l'inacceptable	50
L'absence	51
Rien ne sera plus pareil	52
Chaque soir le désespoir	53
Petite étoile dans la nuit	54
On se retrouvera un jour	55
Aurélie	56
Vole	57
Ma poussinette	58
Petits malheurs d'un été	59
A toi	60
Merci à vous	61-62
Cœur	63
L'âge de raison	64
Petite princesse	65

Te voilà arrivée parmi nous	66
Etre mamie	67
Mercredi bonheur	68
En route pour le futur	69

Pour

De la part de

www.thyca-niglos.blog4ever.com
Bulles d'Amour© 2016

© 2016, Niglos, Thyca
Edition : Books on Demand,
12 / 14 rond point des champs Elysées, 75008 Paris
Impression : BoD - Books on Demand Norderstedt, Allemagne
ISBN : 9782322112531
Dépôt légal : Août 2016